Lindas mensagens de Meimei

Lindas mensagens de Meimei

2-11-11-3.000-8.000

Direção editorial: **Flávio Machado**
Assistente editorial: **Renata Curi**
Capa, projeto gráfico e editoração: **Ricardo Brito / Designdolivro.com**
Imagens da capa: **Sunnyfrog / Dreamstime.com**
Produtor gráfico: **Vitor Alcalde L. Machado**
Preparação: **Ivânia Paula Leite Barros de Almeida**
Revisão: **Katycia Nunes**
Impressão: **Corprint Gráfica e Editora Ltda.**

Dados Internacionais de Catalogação na Publicação (CIP)
(Câmara Brasileira do Livro, SP, Brasil)

Meimei, 1922-1946. (Espírito).
Lindas mensagens de Meimei / psicografia de Miltes Carvalho Bonna. – São Paulo : Petit, 2011.

ISBN 978-85-7253-199-3

1. Espiritismo 2. Psicografia I. Bonna, Miltes Carvalho II. Título.

11-07923 CDD: 133.93

Índices para catálogo sistemático:
1. Mensagens psicografadas : Espiritismo 133.93

Impresso no Brasil, na primavera de 2011.

Prezado(a) leitor(a),

Caso encontre neste livro alguma parte que acredita que vai interessar ou mesmo ajudar outras pessoas e decida distribuí-la por meio da internet ou outro meio, nunca deixe de mencionar a fonte, pois assim estará preservando os direitos do autor e, consequentemente, contribuindo para uma ótima divulgação do livro.

Lindas mensagens de Meimei

Psicografia de

Miltes Carvalho Bonna

petit editora

Rua Atuaí, 383/389 – Vila Esperança/Penha
CEP 03646-000 – São Paulo – SP
Fone: (0xx11) 2684-6000

www.petit.com.br | petit@petit.com.br

CONFORME NOVO ACORDO ORTOGRÁFICO

Irma de Castro (Meimei)

Mineira de Mateus Leme, em 1934, mudou-se para Belo Horizonte, capital do Estado de Minas Gerais. Lá conheceu Arnaldo Rocha, a paixão de sua vida, com quem se casou aos 22 anos de idade. Na intimidade, ele a chamava de Meimei –, expressão chinesa que significa "amor puro". A união do casal durou apenas dois anos. Desde a infância, a debilidade do organismo causara a Irma dolorosos transtornos. Logo depois do casamento, as dificuldades físicas se intensificaram. Seu marido, ao recordar esse período tão difícil, ressalta a fé, resignação e paciência – mesmo diante de sofrimentos indescritíveis – daquela que amava tanto. Em 1º de outubro de 1946, Irma veio a falecer vítima de graves problemas de saúde.

Sumário

Apresentação

Acalanto. Melodias interpretadas por colibris, bem-te-vis e aves canoras para acalmar crianças e também a quem um dia já foi criança.

Expressões como: "É assim que os sonhos se realizam... Sejam tuas, alma querida, as mãos que acolhem e abençoam..." – trazem a esperança de que a vida ainda pode ser bem vivida, mesmo sem a presença física do ente querido, e de que "sonhar é preciso".

Palavras que são verdadeiro consolo às almas sofridas, cujo objetivo é diminuir tristezas e somar, com alegria, o bom ânimo.

Mensagens que se multiplicam desde a década de 1990, no Centro Espírita Obreiros do Senhor, onde o Espírito Meimei se manifesta, aproximando-se espiritualmente daqueles que, venturosamente, leem suas comunicações – agora compiladas neste livro.

São textos breves, que trazem uma certa musicalidade poética, o que lhes confere singular beleza. A exemplo, este trecho, para quando se agradece a Deus: "... pela terna mansão que nos destes por morada – a Terra... e por abençoar-nos com o sorriso das estrelas, o raio suave do luar e a luz do sol..."

Dentre as mensagens consoladoras, Meimei traz outras que incentivam ao trabalho de nossa renovação e a não esquecermos de vivenciar, quanto possível, a Lei do Amor e da Caridade, segundo os preceitos de Jesus. Servir – eis o verbo que ela nos solicita conjugar.

Esse bondoso espírito nos presenteia, em verso e em prosa, com pensamentos alusivos às datas comemorativas, como Dia das Mães e Natal, sugerindo-nos: "recepcionar carinhosamente o Aniversariante Especial em nosso coração".

Ao confortar os corações que choram pela partida de seus afetos para a pátria espiritual, Meimei explicita o ensinamento de Jesus – de que ninguém morre –, tratando a morte como "morte-vida".

Diz ela que a vida continua na vida além da vida – verdade que se contrapõe ao famoso soneto: "Alma minha gentil, que te partiste / Tão cedo desta vida descontente, / Repousa lá no Céu eternamente / E viva eu cá na Terra sempre triste (...) Roga a Deus que teus anos encurtou, / Que tão cedo de cá me leve a ver-te, / Quão cedo de meus olhos te levou"[1]. Suas descrições falam de moradas de luz, de onde ecoam vozes a afirmar que os amores vivem em outra dimensão, procurando

---

1. Soneto de Luís Vaz de Camões.

fazer a sua parte, aguardando o momento em que poderão abraçar os que ficaram na terra. Por isso, pedem que vivamos em plenitude, multiplicando o amor e, jamais, agasalhando pensamentos que desvalorizem a vida.

Agradeço ao honroso convite de fazer a apresentação deste livro e peço aos seus leitores que o leiam com o coração, reverenciando Meimei, a autora espiritual, e Miltes, a psicógrafa.

Desejo aos leitores que, ao final da leitura, os sentimentos de alegria e paz, provocados por ela, permaneçam firmes, ancorados no coração.

Aidée Oliveira Curvo
São Bernardo, julho de 2010

1

Luz de amor

Almas boas e queridas, que a suavidade das notas musicais realize a limpeza mental para fortalecimento da proposta de servir.

A dor, qual uma ferida aberta, requer, no envolvimento socorrista, a dádiva carinhosa da acolhida.

Ninguém está desamparado. A luz do Amor Divino se descerra em todos os lugares. No campo, ou na cidade, na via pública ou nos casebres onde a fome impera.

A luz do amor de Jesus se irradia, buscando mãos para tocar a harpa do sentimento, nos acordes sutis da caridade.

Não permaneça afastado dos aflitos, coração querido.

Os que sucumbem à dor anseiam por uma palavra de estímulo, para que a esperança neles se reinstale.

Pare!

Olhe!

Sirva!

Não deixe para amanhã. Amanhã poderá ser tardia a intervenção.

O amor é a compressa tranquilizante e a esperança é o acorde da sonata da vida. Neles, as equipes socorristas encontrarão o doce consolo para a dor do próximo.

2

Amor, roteiro de redenção

Que Jesus, o Cancionista da Luz, que cura e reergue, traga os acordes de esperança ao coração sofrido.

Sei da alegria do trabalhador que, após o plantio, emociona-se com as gotas abençoadas da chuva que cai do céu.

Sei da emoção da mãezinha que contempla seu filhinho e se depara com o olhar interrogativo na busca do pão.

Sei também das angústias incontidas da alma que se desespera, ao perceber as quedas que, aparentemente, são derrotas.

Com o discernimento que o *Evangelho* nos proporciona, não seria possível mudar o contexto de tantas dores?

Às vezes, aquilo que se apresenta como o ápice da dor, nada mais é do que o começo do despertar para uma nova realidade.

Com Jesus, o amor se fez presente na Terra, para que o Seu *Evangelho* traçasse o roteiro de redenção das criaturas.

Busquemo-LO, não apenas superficialmente, mas principalmente, na aceitação e na espera.

Deixemos o Cancionista do Amor tocar os acordes do sentimento, para que a harmonia da natureza realize o convite à alma sofrida, dizendo-lhe:

– Desperte, coração que ainda dorme! Aceite e aguarde! Esse é o caminho.

3

Louvor a Deus

Que Deus seja louvado, no olhar da criança faminta que espera de alguém um pedaço de pão e o sorriso que alimenta a vida.

Que Deus seja louvado, no cobertor que aquece e que se desdobra em esperança de mudança de vida para o andarilho das ruas.

Que Deus seja louvado, no caderno que se estende às mãos que tateiam o lápis, no aprendizado das letras.

Que Deus seja louvado, nos mutirões de limpeza, em que jovens sorridentes plasmam um novo *habitat*, no meio ambiente tão deteriorado.

Que Deus seja louvado, no aconchego das mãos que cuidam dos velhinhos e os fazem escutar, na música suave da caridade, a esperança de uma vida nova.

Que Deus seja louvado, no socorro que chega aos desequilibrados, pela dependência das drogas, resultado de opções equivocadas.

Que Deus seja louvado, nas vozes que sobem às tribunas para falar do imenso amor de Jesus pela humanidade. Palavras que despertam corações, para descobrirem que não há outro caminho, senão o da evangelização da conduta e da atitude responsável. Palavras que representem uma nova epopeia, em que a luz dos ensinamentos do Mestre seja o farol a guiar todos os homens.

Seja louvado! Para sempre, Senhor!

4

Sejamos luz

Hoje, como ontem, sofremos e fazemos sofrer.

Agora convidamos todos a se acercarem do *Evangelho* de Jesus e a se encantarem com a musicalidade de Seus ensinamentos.

Suas parábolas desfilam em nossa mente e muitos, com habilidade, conseguem precisar capítulos e versículos.

Há um sentimento de conquista intelectual fortalecido pela dedicação, pelo sacrifício, pela perseverança e pelo trabalho. Entretanto, questionemos nossa atuação:

– Somos emissários que apresentam, nas atitudes, o exemplo que Jesus nos deixou?

– Já conseguimos magnetizar, na tolerância com o próximo mais próximo, a mensagem salutar do Mestre?

Suas mensagens de encorajamento e ternura calavam nos corações, bem como suas atitudes: de espera, de introspecção, de incentivo e de imensa brandura.

Esperamos que, como harpa de luz, levemos em nós os Seus ensinamentos, emitindo na ondulação da palavra harmoniosa o roteiro da exemplificação perene.

Sejamos luz em todos os momentos para que a Luz Maior ilumine a nossa trajetória.

Com o Mestre, junto d'Ele, no esforço por Ele, sejamos unidos. Sempre!

5

Deus presente

Que bom ouvir o riso alegre da criaturinha que, mesmo combalida pela dor, consegue aliviar a angústia do outro e descobrir-se capaz de reiniciar uma nova caminhada, sentindo o amparo de Jesus, o Divino Amigo.

O amor é o sol de nossa vida e nossas atitudes devem refleti-lo, em sua mesma intensidade, para que acumulemos, na usina do coração, o sentimento pleno de reconhecimento a Deus, pela vida abundante a todo aquele que O busca.

Vejam: na aparência singela do beija-flor, no colorido da beleza ímpar de suas penas e, até mesmo, em sua capacidade de planar, em pleno ar, parando o voo por instantes, equilibrando-se na espetacular movimentação de suas asas, sentimos a presença de Deus na natureza. Beijando as flores, ele traz de cada corola, a força da vida e a distribui tal qual um jardineiro incansável, que se preocupa com a garantia da saúde de seu jardim.

Assim também, mãos amigas – almas que descobriram a paz e a repartem com todos que sofrem e choram –, entendam a sublimidade do momento vivido e façam dele um poema de luz, em que o entendimento e a participação da equipe levem todos a se alegrar com o dom sagrado da vida.

Seja cada um, momentaneamente, o beija-flor que encanta, abençoa e protege as florezinhas, por ora doloridas pela prova da perda de alguém querido – habitante, agora, da vida além da vida.

6

Deus e a natureza

Que Jesus, nosso Mestre, nos envolva em bênçãos de paz.

Quando a luz do entendimento plasmar a certeza da generosidade de Deus convidando-nos a semear o amor, nada será impossível na Terra, em matéria do bem.

Abram a janela da alma sofrida e descubram a vida abundante que se reflete em cada botão de flor. A campina reveste-se de um colorido tão tênue e, ao mesmo tempo, tão brilhante – fruto do bailado dos colibris no palco da natureza.

Tudo é belo aos olhos dos mortais, quando a sensibilidade é trabalhada na imortalidade da vida.

Somos aprendizes eternos, ainda soletrando as primeiras lições da espiritualização.

Às vezes, somente a dor traz o despertar, mas se o entendimento chega um pouco antes, a sensibilidade começa a trabalhar o sentimento pelo belo, sendo possível ver a mensagem de Deus nas pequeninas coisas.

Deixem a primavera florir de esperanças o coração.

Jesus premiou a natureza com o colorido das flores.

Cada pétala, ao exalar suavemente seu perfume, dá prova da existência divina, como para responder ao incrédulo:

– Eis a presença de Deus. Luz. Amor.

7

Apenas um "até breve!"

Renovo o apelo, acalmando a alma que chora e clama:

– Não chore, mãezinha! Busque o olhar magnânimo de Maria. Ela fará que mãos tênues, como lírios angelicais, segurem as suas, deixando nelas beijos que, como bálsamo, afastam as mágoas de seu coração.

A dor da separação diminui, quando o olhar contempla o horizonte e consegue sentir, na respiração profunda, o remédio da pacificação interior, erguendo ao Alto uma prece ditada por sentimentos elevados.

Enxugue as lágrimas que rolam em seu semblante esmaecido. Deixe que o aconchego das vibrações de Maria, a mãezinha espiritual de todos, aplaque a sua dor.

Os que se amam permanecem ligados pelas vibrações do afeto eterno, ilimitadamente.

A vida, numa outra dimensão, é uma das etapas da escalada do espírito eterno, que bebe da fonte incomensurável do amor divino, o consolo de que a vida continua no Além.

Os seus mortos vivem numa outra dimensão, e o seu coração esboça o sentimento profundo, não de posse, mas de respeito e amor, podendo estreitá-los em pensamento, com a certeza de que não há separação definitiva, pois a morte não existe. Assim, o adeus não é mais do que um simples "até breve".

8

Lição de amor

Mães que em aflição choram, sem compreender o porquê da morte de seus filhinhos, sintam que do olhar piedoso de Maria jorram vibrações de luz e paz, de conformação e esperança do reencontro, pelo fato da certeza de continuidade da vida além da vida.

Não chorem, mães!

Lembrem-se de Jesus no colo de Maria. Aquietem-se e procurem vê-lA, terna, sorrindo, cantando a embalá-LO, próximo ao seu coração. Tentem ouvir a melodia e imaginar as palavras da canção.

Quando o Divino Mestre partiu, Ela muito sofreu, mas não se desesperou. Orou como nunca, entregando Sua aflição a Deus Pai, certa de que não estaria sozinha.

Deixou-nos uma lição de amor no Seu pranto. Tornou-se, a pedido do Elevado Filho, a mãe espiritual de todos.

Benditas mães, recorram a Ela e envolvam a todos em seu caminho, com vibrações de resignação, amor e paz. Como se entoassem uma canção que, tal qual uma prece sincera, sobe aos céus e alcança a luz que afasta as sombras do coração.

Não se desesperem. Sintam que a esperança renasce e o amor vence a aflição.

Creiam: a vida ainda pode ser bela.

9

Um novo dia

Almas irmãs, nas horas tristes, quando o infortúnio aumenta a aflição, mantenham no coração a certeza de que Deus – Pai de Bondade, Amor e Justiça – está sempre presente.

Na solidão das noites maldormidas, Suas leis magnânimas, sábias e justas, fazem raiar na Terra um novo dia. Dia pleno de esperanças de que o pão, o agasalho e o teto não mais faltarão às criaturas.

Quando a violência aumenta, em quaisquer dos meios de convivência humana, e a dor se faz presente, Jesus, o Divino Enviado, envia mãos abnegadas que modificam os quadros angustiantes do planeta, para que o bem nele impere.

A bondade do Mestre nos dá a certeza de que ninguém, em nenhum lugar, está sozinho ou desamparado.

Dispor-se a servir o próximo, procurando ouvi-lo e compartilhar de suas dores, orando por ele, é o primeiro passo para sentir-se em companhia dos bons espíritos e alçar voo em busca da esperança de novos dias. Dias de paz – paz que começa no coração de cada um.

Alma querida – criança, jovem, adulto, idoso –, saiba que muito além, no horizonte, um novo mundo será erguido. Mundo de bondade, amor e entendimento. Onde todos, com fé, ajudarão a construir, desde que não se retraiam diante da violência, para avançar sempre e sempre mais.

10

Vigilância

Quando a barreira do antagonismo se interpõe entre nós e os outros, somente o amor é capaz de analisar a situação com discernimento, evitando agravá-la.

Vigilância acima de tudo, para que a revolta, a mágoa e a negligência não estabeleçam a separação.

Confiança, sinceridade, transparência e afeição são ingredientes que levam à harmonia, quando são baseados na generosidade.

As dificuldades de entrosamento retratam o estágio de conflito interior, ocasionado pela violência que alardeia em derredor.

Amar, em sentido literal do termo, é aceitar o que não se pode mudar e entregar-se a Deus, para que Sua lei natural se cumpra.

Os tempos são chegados. Ainda é tempo, porém, de semear amor.

E que todos os discípulos da fé operante, com Jesus sendo o amparo do empreendimento socorrista, considerem a vigilância o conceito primeiro.

Vigiar e orar para não cairmos em tentação – eis o lembrete para reflexão profunda de todos os servidores.

Jesus é luz. Ele nos ilumina. Vivenciando Seus ensinamentos, garantimos Sua presença entre nós.

Que Ele nos abençoe.

11

Levante-se, caminhe!

Alma querida, se o vendaval de incertezas a impede de discernir, contemple o céu e, nele, encontrará a luz do amor de Jesus reluzindo nas estrelinhas.

Se não compreende o porquê da dor avassaladora, da solidão e do pranto, observe: há uma luz que brilha na escuridão, modificando o quadro de dúvidas, quando uma decisão é tomada. Com ela, surge um novo alento, dizendo que a vida é bela.

Se as lágrimas teimam em cair, procure sentir a presença do Mestre, que ampara, consola e alivia, confirmando que ninguém está só.

Se o espectro da descrença aparecer, ignore-o. Perceba, nas flores desabrochando, o sorriso de uma criança, como a convidá-la à mudança de pensamentos.

Se a intolerância continuar a ser fator de discórdia, a ponto de desestabilizar pensamentos, sentimentos e atitudes, lembre-se de que a sintonia com os espíritos protetores a despertará para a compreensão do momento conflituoso.

Se ainda a dor e o desespero estiverem a ponto de prostrá-la, impedindo-a de sentir o perfume da primavera, retorne ao seu interior e ore a Deus.

Ele, pela mão de Seu Divino Filho, a reerguerá, incentivando-a:

"– Levante-se, caminhe e sirva um pouco mais."

12

Escolhas equivocadas

Quando o homem sente que é demasiado o seu sofrimento, começa a queixar-se muito – comportamento que afasta os que admiram a sobriedade da alma e o esforço para conter os queixumes.

Anseia merecer atenção especial das pessoas que o cercam.

Por vezes, sente e demonstra inveja dos que não aparentam sofrer, dizendo-se merecedor de vida melhor.

Não conseguindo aceitar os momentos de prova, escolhe o caminho sombrio da reclamação desnecessária.

Em certas ocasiões, mostra-se irritadiço; em outras, fecha-se num mutismo desagregador; às vezes, cede às tentações, às sugestões de irmãos menos felizes e acaba tomando decisões precipitadas.

Todas essas expressões comportamentais são sinais evidentes da necessidade de buscas.

Em busca de Deus, da sintonia com a espiritualidade maior e busca de renovação interior. Por isso, a importância de um dos preceitos de Jesus: "Orai e Vigiai".

Só assim, poderá reiniciar-se na pacificação interna, evitando escolhas equivocadas que levam à desagregação de sentimentos.

Com Jesus, por Ele e para Ele, seja renovada a caminhada do homem, conforme o *Evangelho* de amor.

13

É possível...

Basta querer.

Aliviar a dor do irmão sofrido pela falta de pão, pela falta de Deus.

Ajudar as crianças a realizarem seus sonhos, atendendo-as em suas necessidades, colaborando na sua educação, acarinhando-as como fazem as mães.

Mais que escutar, dar atenção ao irmão que fala de suas perdas, suas angústias, seus temores, tentando compreendê-lo e encorajá-lo.

Deixar de pensar que a vida não tem jeito e lutar o bom combate.

Tentar libertar-se dos enganos do passado, aproveitando a bênção da reencarnação para valorizar as horas.

Fazer cada um a sua parte, contribuindo para a construção de um mundo melhor.

Viver com alegria, compartilhando os momentos felizes com os que estão ao redor.

Recomeçar. Repensar as atitudes. Buscar outros caminhos.

Agradecer e louvar a Deus, por Sua infinita misericórdia, estendida a todos Seus filhos.

Lembrar-se do que disse Jesus: "Vós sois deuses", e dar o melhor de si.

É possível! Basta querer!

14

Sonhando e fazendo sonhar

Almas queridas, compreendo suas tristezas e frustrações quando os sonhos são desfeitos, pois os meus também foram.

Recordo com entusiasmo os momentos felizes, quando na Terra teci, como esposa, sonhos e mais sonhos. Desejei um lar rodeado de afeto, com rebentos sorridentes, gargalhadas infantis e peraltices de crianças felizes.

Sei que nem sempre os sonhos se realizam para todos, mas sei também que tudo que se plasma, se consegue usufruir numa nova dimensão, onde os sonhos podem tornar-se realidade.

Um novo caminho, com união e esperança, perfaz sonhos lindos.

Se os meus não se concretizaram como os idealizei na vida terrena, na esfera onde me encontro, aprendendo, trabalhando e servindo, sinto-me rodeada de afetos, sorrisos e alegria.

Jesus, o Amigo de todas as horas, possibilita aos sonhos se realizarem, principalmente quando se baseiam na felicidade coletiva e quando o amor é uma melodia poética, que coordena o coro de vozes a serviço de Seu *Evangelho* de amor.

Quero abraçar a todos que sonham e fazem dos sonhos realização, deixando a esperança renascer, com a certeza de que Deus – Pai de amor e bondade – criou a voz para iluminar os corações, a fim de que os ideais se tornem realidade.

Sonhar é preciso!

15

Gratidão à vida

Quando a alma enclausurada no veículo carnal dele se desvincula, há na natureza um sentimento de gratidão ao Onipotente.

Parece que os que ficam sentem o lamento do vento a embalar as folhas das árvores próximas.

Se a natureza retrata o carinho de Deus para com a Terra, quão imenso deve ser o sentimento de gratidão do ente que retorna à vida além da vida.

É necessário transformar as lágrimas em prece, estancando a revolta. Trabalhar o sentimento de reconhecimento à vida.

Sentir-se vivo, pleno de talentos que se multiplicam em favor do próximo e de si mesmo, compreendendo que viver não é apenas existir.

É imprescindível viver, aqui na Terra, como viajantes que se preparam para a viagem de retorno.

Harmonizar-se com os ensinamentos do *Evangelho*, amando, servindo e trabalhando pela própria renovação e a do mundo, sendo grato pela existência em que por ora transita.

Eis o que Deus nos fala ao coração.

Enternecidos e respeitosos, com uma prece respondamos a Ele, num sinal de gratidão, por tudo o que nos dá:

"Pai Nosso que estais nos céus..."

16

Ninguém está só

Sintamos a suavidade que a prece proporciona. É ela o bálsamo que processa a higienização mental, afastando pensamentos negativos e de revolta e, com isso, aliviando as feridas mais profundas da alma.

A prece é a chamada para a ligação com as esferas de luz, que o amor construiu no firmamento azulado.

De cada astro, de cada planeta, origina-se a emissão de luz, proveniente do amor que a vontade de Jesus faz chegar às criaturas, como resposta à súplica muda da prece, que modifica o íntimo e cessa as lágrimas de desespero e lamentações ruidosas.

Coração querido, deixe-se enternecer-se pela suavidade da evocação a Maria, a mãezinha espiritual, valiosa amiga de todos os que sofrem e choram.

Dela se irradia, sob a aprovação de Jesus, a luz que ampara, consola e fortalece nas grandes buscas do caminho.

Nas provas dolorosas, erga-se até ela e receberá de volta, nas vibrações sutis, como acordes musicais, a resposta: "Ninguém está só".

Ore, sirva, espere e confie sempre. Não se esqueça, porém, de agradecer as bênçãos recebidas, nem de louvar o Pai Onipotente, por derramá-las por todo o Universo.

17

Escuridão e luz

Que o doce cantar dos passarinhos demonstre a presença de Deus na natureza e desperte o amor em todos os corações.

A luz do esclarecimento do *Evangelho*, nos acordes sutis do discernimento que a Doutrina Espírita proporciona, é um convite a todas as mentes. Busquem-na, e muitas de suas dúvidas sobre os porquês das sombras em seus caminhos, serão suplantadas.

Despertados para o amor e vivendo sob a proteção do Amor Maior que é Jesus, sejam todos timoneiros do bem, no socorro ao próximo em sofrimento.

Na luz ou na escuridão, sejam os intrépidos servidores que vencem todos os difíceis testemunhos, para fazer a boa vontade florir nas incertezas do caminho.

Ninguém está desamparado.

Jesus é a luz que trabalha, no convite amoroso às Suas lições exemplificadas, além de ser chamada para a grande reforma estrutural de nossa vida.

Encontremos, nas travessias das dificuldades, quando recorremos ao Alto, em prece que brota do coração, a luz que, como réstia, atravessa a escuridão dos desenganos, para aclarar mais e mais adiante.

Confiemos no Mestre Divino. Sempre!

18

Tudo passa

Com o amor do amado Mestre Jesus, sentimo-nos aconchegados em Seu manto e nosso olhar demonstra alegria.

Na aurora da vida, a alegria é plena de entusiasmo, de realização, de sonhos para o futuro.

Na maturidade das experiências, a alegria é a calma interior, que serve de abrigo para a compreensão e aceitação de todos os testemunhos.

A alegria na dor, trabalhada pela fé operante, é a mão amiga socorrendo e abençoando, aconchegando a todos que buscam socorro, nas asperezas dos caminhos.

Tudo passa e tudo se renova, por força da lei natural de Deus.

Os empecilhos da estrada pedregosa nada mais são do que momentos de parada e reflexão, para avaliação da caminhada e para buscar, pela prece, a inspiração do Alto.

A doença é a pausa necessária para a meditação profunda.

Frustrações por sonhos não concretizados levam-nos a compreender que, talvez, se realizados, esses anseios, mais do que felicidade, nos trariam desequilíbrio e dores futuras.

O amor é o convite do Mestre, Médico de todas as almas. Ele nos oferta a compressa balsâmica que reergue a alma, em provas, ensinando-nos a buscar sustentação, pois Deus não desiste de nenhum de nós.

19

Um convite: amar

Almas queridas e boas, que a luz do amor de Jesus seja o roteiro de todos para vencer as escabrosidades do caminho.

Sim, escabrosidade, termo que assusta, mas que os meios de comunicação, sobejamente, em suas notícias, trazem aos olhos e ouvidos do homem contemporâneo.

Por que não evitar as desavenças verbais que poluem a atmosfera, com palavras oriundas de pensamentos insalubres?

Por que fazer a opção pela dor, quando o amoroso Mestre pregou, em Seu *Evangelho* de redenção, o "Amai-vos uns aos outros"?

A amargura que se estende no planeta não seria convite para esse amor?

A morte de inocentes não serviria para uma tomada de consciência que despertasse os corações?

Lembremo-nos de suplicar o socorro do Alto e de que a vinda desse socorro dependerá dos esforços conjugados no bem – na fala, na conduta e nos pensamentos.

Jesus nos diz: "Vinde a mim, todos os que estais sobrecarregados e eu vos aliviarei".

Meditemos nessas palavras e espalhemos a semente da fé e da esperança, para que novos tempos surjam, possibilitando a semeadura e a colheita do bom grão.

A quem muito é dado muito será pedido.

20

Mãe²

Alma querida, que amamenta ao peito o filhinho, sinta nas mãozinhas que se debatem inocentemente, que ele espera ser amado, respeitado, acolhido com ternura em seu coração.

Procure esquecer, ao menos por momentos, os dramas que surgem em sua estrada.

Recorra à prece quando aparecerem os problemas, antes que se acumulem. Agora, daqui a pouco ou amanhã, eles terão solução.

Observe o olhar terno e sonhador de seu filho.

Aconchegá-lo em seus braços, adormecido, é uma bênção, é demonstração de que a vida pode ser bela.

Cante para ele, e na canção de ninar, que faz seu olhar fulgurar como estrela, conte-lhe os segredos da vida: que ninguém está desamparado, que Jesus ilumina a jornada de ambos, que o trabalho digno lhes propiciará uma vida isenta de necessidades.

Viva a maternidade, transformando seu lar em doce ninho.

Dores, prantos... tudo passará.

Seu amor conquistará a possibilidade de uma união verdadeira e de um futuro promissor.

Confie, e que Deus a ampare.

---

2. Meimei dedica essa mensagem às mães solteiras, ofertando colaboração e amparo.

21

O amor não morre

Mãezinha aflita que, envolta em sua imensa dor, entrega-se ao choro desesperado, deixa-me falar ao teu coração:

– Jesus que, com tanta sabedoria, formou no planeta azul a natureza exuberante, transmite em Seu olhar um convite amoroso, para que não lamentes, tão pungentemente, a partida de teus entes queridos.

Ouve o som da natureza amiga. O bem-te-vi canta para o seu coração, as aves canoras, em bando, convidam seu olhar a contemplar o azul do céu e a descobrir que nem tudo está perdido. O amor não morre.

Não se oculte sob o manto triste do sofrimento e da solidão. Vence o silêncio.

Ficarás sabendo que a ternura tece um colar de sentimentos, em gratidão a Deus, pela vida. E se ela se apresenta hoje tão sofrida e doída, é momento de sentir-se no colo de Maria, a Mãe de todas as mães.

A doce Mãe vela por ti e por todos os filhos que sofrem provações, fazendo reviver a esperança.

Eleva o seu olhar e observa que Ela te aguarda para que, como num sonho bom, haja um momento que permita estreitar, num longo abraço, o amor que partiu.

Esse amor vive e diz:

"– Deus te abençoe, mãezinha querida!"

22

Valor do exemplo

O amor é de essência divina e transporta, em seu bojo, irradiações de bondade.

Ante as diversas situações, em que a alma humana desconhece o esforço de renovação, a anuência é a compressa balsâmica e jamais deve ser conivência.

Do exercício de aceitar a provocação, que, às vezes, se apresenta numa palavra de descaso, ou na indiferença ao cumprimento de deveres, advêm mudanças.

Todos os matriculados na escola da vida terrena têm a oportunidade sublime de regeneração.

O caráter é reconstruído, sim, pela atitude enobrecida de educadores que, mesmo não contando com facilidades, conseguem irradiar o amor do Mestre, quando aceitam o aprendiz que a vida colocou em seu caminho.

Sigamos o Mestre Amado e conformemo-nos diante da não aceitação de nossa presença, lembrando-nos de que nem sempre podemos agradar a todos.

Às vezes, damos conselho a quem não nos pediu. Eis aí a oportunidade de aprendizado conjunto.

Há momentos em que o silêncio e o nosso exemplo falarão por nós.

Procuremos entender essa lição.

23

Saber esperar

Com a divina presença do Amigo Celeste fortalecendo as propostas de amor, permaneçamos dispostos a ajudar e, se preciso for, a esperar.

Observemos a semente que se transforma.

O tempo é o divino promissor.

A terra boa e generosa, contribuindo com a doação de amor, realiza na atmosfera, a união da luz com a água para a maravilhosa produção.

O oxigênio tudo transforma, e a química que o une à semente chama-se amor.

O resultado? Árvores, flores e frutos.

Portanto, almas amigas que se dedicam a lavrar os terrenos áridos em corações arredios, não sintam aflição pela demora das respostas ao seu trabalho com eles.

Não esperem os milagres das transformações imediatas. Persistam.

Serenidade, aceitação e discernimento devem permear as atitudes de todos os que se propõem ao trato harmonioso com o semelhante.

Tal como a semente que vence o grande labor na terra bendita, continuem dedicando-se ao serviço que visa ao progresso do irmão.

Ele também precisa do concurso do tempo para transformar-se em flor!

24

Jesus: lema e leme

Com Jesus, não estaremos mais órfãos de misericórdia.

Ele é a luz, qual farol bendito, que ilumina o barquinho da vida, e, por mais que as tormentas do mar revolto das experiências nos atinjam, Seus ensinamentos mostrarão o porto seguro da paz.

Compreendamos as vicissitudes por que passa todo aquele que se dispõe a vencer as próprias imperfeições.

Jesus é o lema do bem viver e o leme seguro que sustenta o barquinho da reencarnação.

Felizes os que, pela graça das lições do *Evangelho*, recorrem aos benefícios da prece, para readquirir bom ânimo, paciência, resignação e forças para vencer as dificuldades. Assim, torna-se possível o refazimento após os grandes embates, como também, prosseguir na jornada.

Esses caminharão a passos mais ou menos largos, em busca da pacificação interior e da dos outros.

Se, com humildade, vivenciarem o verdadeiro amor, estarão vivendo sob o lema de Jesus, o Divino Protetor, com a certeza de que Ele está no leme.

A vida na Terra, então, viverá uma nova etapa, com a fraternidade começando no seio sagrado da família, que terá a solidariedade como fundamento natural.

25

A brisa da esperança

Amarguras e tristezas evidenciam o distanciamento da Fonte Geradora da vida.

Deus é o amor que nos liberta da aflição e nos mostra como viver com a mesma emoção dos momentos festivos: basta que a alma não se feche na dor e se enclausure.

É imperativo abrir as portas do sentimento e deixar a brisa da esperança expandir-se no canteirinho do coração, mesmo que germinem algumas ervas daninhas da descrença.

Jesus é a luz que chega iluminando a escuridão dos desenganos, processando no ser humano a certeza de que a vida abundante continua na vida além da vida.

Alma amiga, abra as janelas da alma, fechadas há tanto tempo pelo sentimento de perda, e deixe a luz refletir a certeza de que, na verdade, ninguém perde, se consegue guardar o sentimento de gratidão a Deus pelo muito que recebeu, com a presença do ser querido, ao seu lado, na caminhada terrena.

Confiança! Sempre!

A alegria é alimentada com a certeza de que Deus, que nos deu a vida, dará continuidade a ela, num mundo de paz, que começa a ser construído nas ações de cada dia.

Que Jesus, Seu Divino Enviado, abençoe a todos.

26

Trabalho e bom ânimo

A alegria no trabalho assistencial, desde que não se permita o esmorecimento, evita que o desencanto impere nos corações. Esse estado de alma leva à reflexão e possibilita nova tomada de consciência, para que se compreenda a importância do pequeno mundo de cada um.

Aquele que se doa, aquele que busca, aquele que agride, aquele que sonha, aquele que dirige, aquele que permanece na expectativa – todos são convidados ao divino labor da consciência crítica, que também se doa, participando do grande concerto do serviço cristão.

Refletir sempre, continuar na busca dos objetivos traçados, unindo as mãos, sem aguardar os milagres da transformação imediata.

Imitar o lavrador consciente, que cuida do solo eliminando o joio antes que o trigo cresça, esperançoso de que a chuva chegará no devido tempo, para suprir as necessidades da gleba.

Repelir a indiferença, ouvir o convite do Cristo, ser aquele que ajuda como puder, materializando em suas ações, a expressão: "Ninguém está desamparado".

Lembrar que nosso coração irmana-se aos de todos que integram as cirandas de trabalho, para auxiliar o próximo, sem esquecer as palavras de Jesus: "Tende bom ânimo, eu estou aqui".

27

Mãos unidas

Amigos que utilizam as cordas sutis do coração, para fazer soar a musicalidade dos pensamentos, Deus seja louvado!

Dispostos nas fileiras do bem irrestrito, sentindo nos acordes do trabalho contínuo as notas musicais do entendimento, sem o sentimento que segrega, todos podem iniciar a construção enobrecida de uma nova era. Era em que se renova o direito de buscar, estudar, amar, socorrer e amparar, podendo assim, corrigir as arestas que servem de obstáculos aos planos de edificação do mundo novo.

É tempo, sempre é tempo de fazer ecoar, com emoção e alegria, a canção de trabalho e renovação, libertando-se do egoísmo e da indiferença, para se trabalhar com entusiasmo.

Ao perceberem nossa união, espíritos amigos de todas as nações trabalharão para eliminar a violência do coração dos encarnados, inspirando-os a orar e vigiar.

Mãos unidas. Tanto no serviço – doação sem esperar recompensa –, como nos momentos de alegria. Cada um, de acordo com suas possibilidades, com firmeza de fé, fazendo coro à prece sincera, para que nós, nesta esfera, possamos suplicar a Jesus por todos.

Lembrando o lema: **Mãos unidas, soluções encontradas.**

28

Vida: valor supremo

Ah! Recordações, quantas recordações...

Recordo a pena escrevendo no papel tão branco, a beleza da tinta desenhando letras, qual cinzel trabalhando uma obra de arte.

Como ficara absorto o meu coração, nos últimos dias da existência física, quando não me foi mais possível escrever, nem tentar fazer da caneta a pena das muitas penas, na escrita dos meus ais...

Ah! Como preparar a alma para se ausentar do corpo? É difícil, bem o sei. É preciso que a solidão de algumas horas proporcione a reflexão profunda sobre momentos encantados, vividos, não apenas cantados numa singela canção.

O momento é de agradecer as bênçãos e dádivas do Criador, emoldurando no semblante o sorriso de resignação, pelos anseios não concretizados. O momento é de preparar-se para os grandes voos siderais, de deixar o corpo físico em que se aprendeu. Com as limitações impostas pela enfermidade, compreender o sofrimento, imposto por escolhas equivocadas do passado.

Dizer isso a jovens de beleza ímpar, cujos corpos são bem modelados pela natureza, é necessário. Assim, poderão cuidar dessa máquina extraordinária ofertada por Deus, uma vez que com ela farão a grande caminhada. Por isso, a importância de fazê-los sentir-se responsáveis pela valorização da vida.

Lembrar o apóstolo Paulo: "Tudo me é lícito, mas nem tudo me convém".

29

A luz virá

Era no vale das sombras.

Humilde vaga-lume iluminava um caminho escuro. Regava com suas lágrimas, a plantinha esmaecida pela falta de luz, e aquecia com suas asas a terra que havia tornado fofa.

Tudo fazia para que a plantinha sobrevivesse.

Ao contemplar o céu em busca de luz, eis que as antenas de seu radar sutil conseguiram captar um som distante. Era o trovão, que se fizera anunciar por relâmpagos e trouxera a chuva. Chuva bendita que parecia trazer um recado do céu.

Água e luz chegaram no momento certo. O cantinho ficou pleno de luz. A plantinha sobreviveu.

Ao olhar novamente para o firmamento, o vaga-lume agradecido chorou de emoção. Sua prece muda fora atendida, seus esforços recompensados.

Assim como a Mãe Natureza respondeu à súplica muda de um vaga-lume, fortalecendo a raiz da planta, revivescendo-a, ela responderá também à sua, alma querida. Mas não basta orar. É preciso que suas preces sejam conjugadas com o esforço de trabalhar, aprender e servir.

Trabalhe, ore, confie, que, como bênção do Alto, a luz chegará na hora certa, varrendo toda a escuridão. E o vale será de luz.

30

A vida continua

Como outrora, hoje acolho os corações sedentos de compreensão que tanto se doaram ao próximo, tentando fazê-los entender o porquê do sofrimento, quando a morte, mais cedo ou mais tarde, chega aos lares terrestres.

Ninguém vive sem perceber que, tal como a planta que nasce, cresce e morre, o ser encarnado passa também por experiências várias no planeta azul. Mas a perda do ente querido causa dor tão profunda, que só poderá ser amenizada com a certeza da continuidade da vida. Quando o consolo da Doutrina Espírita se expandir por todos os segmentos religiosos, trazendo esperanças para a alma sofrida, a morte será mais bem compreendida.

Com ternura e respeito, procuramos falar de Deus, de Jesus, da vida que se descortina além da vida, a fim de que a criança e o adulto que viram a partida do ser querido, entendam que, um dia, reunir-se-ão a ele. Explicamos que até durante o sono físico poderão receber sua "visita".

Jesus nos disse: "Nenhuma ovelhinha do meu rebanho se perderá". Assim, quando todos compreenderem que somos como ovelhas aprendizes, no imenso rebanho de amor de Jesus, saberão que o Mestre suprimiu a morte, com a vida dinâmica do lado de cá.

Saber que a morte do corpo físico não ocasiona a separação definitiva e que o mesmo amor sentido na Terra, responsável por unir entes queridos, continua vivo, em outra dimensão, ameniza a dor dos que ficaram.

31

Teus filhos vivem, mãe

Na tentativa de aplacar sua aflição, quando acomodo em meus braços a criancinha indefesa e solitária que chora, sinto, na rajada dos pensamentos que chegam, o lamento, o desespero de alguém que, distante na Terra, pergunta ao infinito: "Deus, por que meu filho partiu? Por que ele, Senhor?"

Então, procurando responder a esse coração sofrido, digo:

"– Sim, mãezinha, teu filhinho foi arrebatado de ti, e embora não consigas entender o porquê dessa separação, posso adiantar que é provisória."

Ergue o olhar, alma querida, contempla o céu, pede a Deus condições para senti-lo novamente próximo de ti.

Talvez só o vejas durante o sono físico, mas sentirás que ele está bem, aninhado em braços que o cingem com ternura.

Vivo, em outra dimensão, teu precioso afeto sente o teu carinho, alegra-se com teu desprendimento das coisas terrenas, porém fica triste ao notar tuas lágrimas de desespero.

Sabedora de que a vida continua, dedica-te aos que ficaram, como sempre o fizeste, com a certeza de que os amigos do mundo espiritual protegem todos quantos com eles se sintonizam.

Lembra-te, mãezinha, Maria, a doce Mãe, ouve teu pranto e te diz com carinho: "Todos os teus afetos estão vivos, nesta outra dimensão".

32

Teu retrato

Olhar doce e brilhante que fala da esperança de um futuro promissor, não só para teus filhos, mas para todos os filhos de Deus. Não sinta revolta quando a dor e o desengano te visitarem. Faça silêncio interior e ore, penitente, suplicando amparo, calma e resignação; cultive a esperança, na certeza de que a resposta de Deus virá a ti.

Mãos sempre diligentes a cuidar de enfermos e de quantos te procuram, redobre os esforços para que não se sintam desamparados, e sim, confiantes na proteção do Médico dos médicos, que vela por todos.

Na canção de ninar, ensinas a prece de agradecimento ao Criador pelo que receberam – tu e teus filhos.

Mesmo que, por vezes, teus passos sejam lentos – resultado de fadiga e preocupações –, continuas a caminhar, certa de que mãos abnegadas sustentar-te-ão.

Vejo-te, mãe, portando um manto singelo, mas diferente, que parece refletir-te: dotada de tolerância e tranquilidade, fazendo do teu coração o lar do saber e do entendimento.

É este o teu retrato, mãe.

Retrato da mãezinha que venero, a quem oferto meu amor, como pérola singela, querendo escutar-te novamente a dizer as mesmas palavras de Jesus: "Não temas, estou aqui!"

33

Alegria

Alegria, meus queridos.

Pela bênção das horas e pelo dever cumprido.

Pelo sorriso no rostinho da criança e pelo olhar de paz do servidor.

Pela atmosfera de amor reinante no trabalho e mãos unidas.

Pelas oportunidades de aprender servindo.

Que a alegria reine no celeiro abastecido pelo trabalho árduo dos caravaneiros.

Na face do pedinte que se sente renovado, após os cuidados que lhe são dispensados.

No velhinho de faces enrugadas, acolhido com o sorriso e o carinho que há tempo não recebia.

Na forma digna de ganhar o pão, no convívio familiar e com os outros.

Que a alegria impregne a atitude dos idosos que se dispõem a servir o próximo, e as dos jovens, que tentam se encontrar. Que ela permeie os sonhos da infância, permitindo-lhe vislumbrar não o incerto, mas o efetivo amanhã.

Alegria, alegria, minhas irmãs e meus irmãos! Nos coração daqueles que lutam para construir um mundo novo, nos campos da ciência, das artes, da educação, da cultura e do lazer. Um mundo, enfim, onde os homens se amem como Jesus "nos tem amado".

34

Deus

Deus cobre de estrelas, a abóboda azulada que se escurece com o manto da noite, para que o cintilar seja ainda mais belo.

Suas leis são tão sábias, que, com elas, governa os astros do universo, de forma tão equilibrada, que não se chocam no espaço infinito.

Ele reveste os canteiros com relva bem verde, e, Pintor Exímio, dota as flores de cor e beleza radiantes.

Seu incomensurável amor legou-nos o livre-arbítrio. Quando, ao escolhermos nossos caminhos, o fazemos de maneira equivocada e sobrevêm as aflições, Ele nos dá novas oportunidades de renovação, ainda nesta vida e/ou em outras reencarnações. Isso demonstra Sua justiça e bondade supremas.

O Pai criador presenteou-nos com a vinda de Jesus, cujo *Evangelho* nos trouxe a esperança, a segurança e o convite para travarmos o bom combate e semearmos um futuro de luz para nós, contribuindo para a transformação do mundo.

Ele permite que mãos se unam para o cântico, na ciranda da caridade, do supremo bem de servir ao próximo, que valoriza a bênção do trabalho.

Que Ele, Senhor de nossa vida, nos abençoe, dando-nos a serenidade e o entendimento necessários, a fim de que possamos compreender Seus divinos desígnios.

35

Momento de decisão

O Pai de amor e bondade concedeu-nos o direito à escolha de caminhos, quando dotou-nos com o livre-arbítrio. Por que, então, negar esse direito a outros, impondo-lhes nossas opções, cerceando-lhes os sonhos, levando-os a decisões impensadas e apressadas?

Escolhas corretas ou escolhas equivocadas, todas trazem consequências ao ser humano: positiva ou desastrosa. A segunda é traduzida em provas dolorosas de reencarnações futuras.

Momento crucial na vida do homem, o da tomada de decisões! Instantes que deverão ser de recolhimento, de prece, de sintonia com os espíritos protetores, para que o número de falhas seja o menor possível.

De onde extrair tamanha serenidade para agir nos momentos difíceis? Nos bons livros, em diversas mensagens que tratam do *Evangelho* de Jesus e em nós mesmos. Como também nos cantinhos da alma, onde repousam as lembranças do que aprendemos nesta e em outras vidas.

Daí a importância de irradiar para o coração da criança, ainda pura, o direcionamento seguro, tanto por parte dos pais ou responsáveis, quanto, dos educadores em geral, pois esses pequeninos, por vezes, têm um histórico doloroso – fruto de escolhas irrefletidas, que precisam ser apagadas com boas provas, na vida presente.

Momento de decisão – momento sublime! Saibamos aproveitá-lo.

36

Cada um dá o que tem

Quantas almas se rebelam ou choram em desespero, desequilibrando-se diante das tormentas da vida. Não param para pensar que as experiências fazem-nas crescer. Não percebem a enxurrada de dores que deixaram encobertas, nas teias das reencarnações sucessivas, causadoras das aflições de hoje.

Os desatinos, os erros, o desamor de outrora, hoje se apresentam como desentendimentos e frustrações, maculando relacionamentos e afastando pessoas, cuja convivência deveria ser o alimento divino – oportunidade para o resgate, a mudança e o exercício da paciência.

Como exercitar a paciência e a aceitação, em relação a companheiros de jornada tão adversos, que só nos causam dissabores? Somente com o exemplo de fé e convicção de que cada um dá o que tem, e que se deve aguardar o tempo para que o despertar chegue.

Abrigar bons sentimentos, e demonstrá-los aos que conosco convivem, ajudam-nos a aceitar a realidade presente e a esperar o momento, em que os de trato difícil reavaliarão a oportunidade bendita da vida em família para mudarem de atitude.

Nos momentos de duras provas, "entrar em retiro espiritual" – como recomenda Jesus –, orando, para receber o manancial de bênçãos que Ele nos legou com Seu *Evangelho* de consolação e esperança.

37

Algo em comum

Diferentes umas das outras – nas atitudes; no modo de andar, de vestir; nos locais onde moram; nas posses materiais; nas profissões que exercem, etc. –, mas todas com algo em comum: são mulheres.

Sonharam e ainda sonham, amaram e ainda amam, sofreram e ainda sofrem.

Algumas caminham com desenvoltura, são ágeis e a luta pela vida não as fadiga tanto; outras precisam apoiar-se a uma bengala, são mais lentas nos afazeres, por vezes enfermas, pois delas a velhice aproximou há tempo.

Todas elas, porém, podem ser chamadas por um único nome: MÃE.

São mães dos filhos que carregaram no ventre, mães de filhos alheios. E, por que não, mães de irmãos menores, dos companheiros de vida, dos pais, sogros e parentes enfermos?

Mães especiais de aves que não voam sozinhas – os filhos especiais.

Mulheres que são mães de ideias; de campanhas em prol do bem, do próximo; de trabalhos e realizações; de planos a serem cumpridos para a educação das crianças – enfim –, mães.

Faço coro com as crianças – colibris que cantam em nossa esfera de ação – para homenagear todas as mães neste dia. E, cantando, quero, agradecida, envolvê-las em meu carinho.

Mulheres-mães, rogo a Jesus que Suas bênçãos guiem seus passos.

38

Dar e receber

Como ovelhas do rebanho de Jesus, apuremos nossas emoções e lancemos um olhar à nossa volta. Veremos tantos quadros de miséria e sofrimento, tantas pedras no caminho de nossos irmãos, tantos semblantes sombrios...

Sustentados na fé em Deus e certos de nosso potencial para pensar, sentir e agir, juntemos as mãos e partamos ao encontro do próximo que sofre. Resolução tomada, a fragilidade transforma-se em força e a coragem e o entusiasmo fazem morada em nosso ser.

Ao procurarmos auxiliar os outros, sentiremos que somos auxiliados. Quando cuidamos de um doente, vibrações salutares nos visitam e, ao escutarmos com atenção o idoso, nossos problemas parecem menores. Na colaboração e assistência aos carentes, dúvidas se dissipam e somos fortalecidos pela fé.

A esperança que semeamos nos corações, a serenidade demonstrada ao tomarmos decisões e o amor materializado em ações, mostram àqueles que assistimos, que não estão sozinhos, pois, o olhar do Divino Irmão e Amigo envolve a todos. Basta apenas nEle confiar.

Percebemos, então, que as inspirações dos mensageiros celestes se acercam mais e mais de nós, e sentimo-nos mais confiantes. Além do que, aprendemos que servir, sem esperar retribuição, nos torna obreiros do bem.

Lembremo-nos: "É dando que se recebe".

39

Bênçãos de paz

Almas queridas, que investigam o porquê de suas dores, Jesus nos convida a sermos ovelhinhas diligentes de Seu rebanho. Atendam ao chamado do Mestre, auxiliando o próximo. A dor interior desaparece diante de outras dores.

Em vez do sentimento de solidão, haverá alegria para quantos se propuserem a realizar o melhor e, assim, poderão superar as próprias fraquezas. Esses encontrarão, no final do caminho íngreme e tortuoso, para descanso, um verdadeiro oásis de paz.

Bênçãos de luz propiciarão tranquilidade aos trabalhadores da seara, tal qual bálsamo para os corpos cansados.

A criança que amparamos, um dia voltará a sonhar. A mãezinha de quem nos compadecemos e a quem auxiliamos aprenderá a socorrer-se com a brandura da prece. O ancião, para quem solicitamos do Alto o benefício do entendimento da morte, como passagem para outra dimensão, mudará de atitude em relação à vida.

Saber que alguns de nossos irmãos, cujas provas foram minimizadas, agora têm um novo olhar para a vida e agradecem a Deus a graça recebida, deixa-nos felizes, se pensarmos que, de algum modo, concorremos para isso.

Bênçãos de paz visitam-nos, fazendo morada em nosso coração. Enquanto nós, passamos a compreender: "Servir é fazer luz".

40

Contra a tristeza

Deixe a tristeza de lado, coração querido.

Contemple o despontar do Sol no horizonte. Ele pede licença às nuvens e premia a Terra com o dourado da manhã.

Desperta o pássaro no ninho, aquecendo a palha que o envolve.

Ilumina a fresta do casebre, despertando o lavrador. Uma vez no campo, beija sua fronte, e ele, agradecido, sorri para a vida.

Transforma a gota de orvalho em raro brilhante e é recebido com alegria pelo canto do galo.

Observe como tudo é alegria na natureza, irmão: o colibri, o malmequer e o juriti ensaiam uma música, e pétalas bailam ao sabor do vento.

Tudo à nossa volta convida a sermos gratos pelo que somos, pelo que temos e pelo que podemos fazer a nós e a outros.

Valorize seu renascimento, a cada dia que amanhece, e receba com alegria a luta que terá pela frente – hoje, amanhã e sempre –, alma querida.

Lembre-se de que, além das dádivas da natureza, Deus abastecenceu sua alma com recursos que a alimentam e apoiam: inteligência, capacidade de amar, liberdade de escolha e de sonhar, possibilidade de construir ideais, enfim, talentos a serem multiplicados e valorizados.

Alimentar a tristeza por que, meu irmão? Cultive a alegria por onde passar e a vida responderá com dividendos de felicidade.

41

Luz no caminho

Alma querida que, em aprendizado na Terra, vive dias de desilusão, de sonhos desfeitos, de ingratidão, de amargura e desespero, como se um inverno rigoroso a acometesse em pleno verão. Deixe-me perguntar:

Quando chega essa tempestade, como a recebe? Chora em desequilíbrio, sentindo-se abandonada por todos? Passa a julgar o próximo indiferente, um inimigo? Desalentada, não confia em suas possibilidades, deixando, por isso, de buscar o alívio para as dores no poder da prece de coração?

Chore sim, não é proibido ao crente chorar, mas reflita nas questões apresentadas e não se esqueça da companhia de Jesus: Ele é acessível, nos pensamentos de quantos O procuram, e não vive numa redoma inatingível aos homens. Busque-O.

Observe o que então acontece: uma luz chega de mansinho, espanta as trevas, faz reviver a esperança fenecida, afasta a solidão e desperta a coragem e o entusiasmo de viver.

É a luz do Divino Mestre que vem iluminar sua caminhada, alma querida, trazendo forças para enfrentar dificuldades – presentes e futuras –, pois transitamos em um mundo de expiações e provas, vivendo novos papéis, em diferentes palcos, rumo à Vida Maior.

42

Que tempo bom!

Meus irmãos queridos, neste momento, quero lhes falar ao coração sobre um bom tempo.

Um tempo bom para:

Apreciar as dádivas do Pai, bênçãos de luz que agradecemos.

Valorizar sua passagem pelo planeta azul, escola bendita em que todos estagiamos para nos tornarmos realmente humanos.

Seguir o roteiro sublime, traçado no *Evangelho* de Jesus, procurando elevar-nos e elevando outros.

Reconhecer que a mensagem de Kardec é atualíssima e que, para sua disseminação, devemos lutar pelo bem, visando à extinção do mal, o que demanda estudo, trabalho e dedicação.

Compreender que há ideias e opiniões diferentes das nossas, e que devemos respeitar, sem, contudo, elogiar os enganos e os preconceitos que os fundamentam.

Perseverar, no propósito de auxiliar e servir, conforme as possibilidades, sem perguntar: Quanto? Com quem? Onde? Como deve trabalhar?

Respeitar as diferenças, na equipe de trabalho, valorizando a colaboração de todos, compreendendo que união de esforços é promessa efetiva de se construir caminhos novos, em que brilhe a luz do entendimento e impere a bênção do amor.

Que tempo bom para sentir a alegria de viver!

43

Gratidão ao amor de Deus

Almas queridas, sabendo-nos espíritos imperfeitos, matriculados na escola bendita, a Terra, tentando fazer o melhor ao nosso alcance, reconheçamos que estamos aprendendo a disciplinar inclinações e desejos.

Pelo fato de chegarmos a esse entendimento, é lícito considerarmos que estamos amparados no amor do Divino Mestre e, pouco a pouco, guardamos valores eternos que nos encaminharão à aquisição do amor puro.

Se, espíritos falíveis que somos, já conseguimos amar, pensemos no infinito amor que é Deus e agradeçamos a esse amor.

Amor que sustenta as estrelas e alimenta os insetos, abençoando tanto o grande quanto o pequeno.

Amor que descortina para o mundo a esperança renovada e que se derrama na água cristalina que jorra das fontes.

Amor que faz desabrochar as flores de um vaso diminuto, da mesma forma que as dos jardins dos palácios.

Amor que proporciona o milagre da germinação da semente no solo, e doa às aves o instinto de construir os ninhos e alimentar os filhotes.

Amor que combina os elementos químicos para a formação do mineral e anima as fêmeas ferozes a amamentar suas crias.

A esse Amor que ensina, acalenta, protege, reergue e transforma, a nossa gratidão.

44

Nos momentos de dor

Aves cantam melodiosamente, e a natureza está em festa. É o milagre da vida despertando o homem para a certeza de que não está sozinho, mesmo nos momentos de dor pungente.

Confiante na paternidade de Deus, passa a compreender que Seu olhar atento se estende a toda a criação, desde o pequenino vegetal ao gigante carvalho, fazendo vibrar todas as moléculas que os constituem.

Se nem os vegetais ficam sozinhos na etapa de crescimento, pois, contam com a presença do Sol, da chuva, do vento, atuando sobre eles, por que o homem há de sentir-se só ao ser visitado pela dor?

Não, ninguém está abandonado. Basta abrir olhos e ouvidos, sentimento e raciocínio, lábios e mãos e, direcioná-los a serviço do bem, para que do Alto cheguem bênçãos inefáveis que enriquecerão a caminhada de alegria e luz.

Nos momentos de tristeza, quando alguém é retirado de seu convívio, ao término da vida física, surgem as perguntas: Por que a morte? Por que teve de desligar-se, justamente agora, que tem tudo para sorrir, cantar e vencer na vida? Como vou viver sozinho?

É chegado o instante de voltar-se para si e escutar a voz do coração, que responderá: Aquele que terminou as tarefas no plano físico não morreu, mudou de estado. Tenha esperança, você não está só, então, renove-se intimamente, para entender e aceitar a certeza da vida eterna.

45

Felicidade real

Ouçam, almas que se debatem no torvelinho do sofrimento e ainda não desabrocharam para a verdadeira vida. Que caminham sofregamente e se deparam com o marasmo de suas buscas, como se tivessem os pés atados. Atados pela desesperança, pela falta de colorido na vida.

O amor com que sonham para serem felizes distanciou-se muito daquele que faz o próximo feliz, porém, quando interiorizamos o convite de Jesus, "Amar para sermos amados", uma nova ordem de pensamentos nos orienta.

Por acreditarmos em nossas potencialidades, propomo-nos, então, a ser felizes, fazendo a felicidade do outro. É a nova aurora que vem clarear nossa vida, afastando a solidão. É o amor que se desdobra, alcançando o próximo.

Percebamos que, com Jesus, a natureza também sonha numa sublime sinfonia, cujo tema é a doação. Imitemos a natureza amiga e a felicidade será o resultado das ações solidárias com que se premia o ser pensante.

Aprendamos com o Mestre a elevar nossos companheiros de jornada, e compreendendo aqueles a quem semeamos amor, dedicação, apoio, esperança, que ainda estão na condição de plantas que não conseguem perfumar, com atitudes desejáveis, as mãos daqueles que tudo fizeram para que fossem felizes.

Façamos a nossa parte, certos de que, um dia, essas pessoas serão venturosas.

46

A força do amor

Para nova jornada no planeta Terra, cada criatura veste o corpo físico que delineou na erraticidade, sob a orientação dos amorosos arquitetos siderais, que sugerem a escolha dessa máquina maravilhosa e das peças de sua engrenagem. O corpo físico é o precioso instrumento para cumprimento de compromissos assumidos, quando da escolha das provas.

Ame! Ame sempre! É o que dizem os irmãos do plano espiritual. Mesmo quando sofrer angústias inquietantes e amargas aflições – ame! Aprenda a amar, sem impor condições, pois foi para isso que você veio ao mundo.

O espírito eterno, quando compreende o seu papel, recebe com reverência sua nova morada e seu novo corpo físico, e tentará vivenciar o amor, fortalecendo-se diante dos embates do meio e das projeções previamente elaboradas, para o resgate e a aprendizagem necessários.

Lembrará que Jesus, para exemplificar o amor, interferiu nos fenômenos da natureza, comandando o movimento dos ventos e abrandando a tempestade. Quando nos afirmou: "Vós sois deuses", revelou o potencial embrionário em cada um de nós, e a essa força sublime denominou "amor".

Se podemos, meu amigo, fazer tudo o que o Divino Mestre fazia, somos capazes de fazer nosso destino mudar de rumo – isso, se amarmos verdadeiramente, transformando dificuldade em lição e sombra em luz.

47

Vem e segue-me

"Vem e segue-me," disse Jesus, o doce Pastor das almas aflitas, conclamando todos à união, em torno do Seu *Evangelho* de amor.

Todos são chamados a seguir o roteiro de luz traçado pelo Mestre: o homem humilde, o iletrado; o homem culto, o cientista; a criança; o adolescente; o jovem; o ancião... O Divino Amigo convida todos à união de esforços, de mãos, de ideais, de pensamentos e de sonhos. Orienta-nos a erradicar de nosso meio o impulso intolerante, que tanto atormenta os grupos dedicados ao serviço do próximo, porque traz a desarmonia e a perturbação.

Companheiros de ideal, unamo-nos, sob a legenda do Mestre de Amor, vivenciando o "Amai-vos uns aos outros", a fim de vencermos nossa fragilidade e resistirmos à tentação de ficarmos indiferentes ao ato de servir, desistindo dos compromissos assumidos.

Tenham a certeza de que, quando os corações se congregam para a realização de uma obra honesta e generosa, nós, espíritos, participamos ativamente dela, fazendo a nossa parte, para que o mundo terreno se transforme em recanto de luz e paz.

O plano espiritual agradece ao Senhor o esforço de todos que, estimulados pela companhia de irmãos e pela lembrança dos ensinamentos de Jesus, prosseguem unidos, amando e servindo.

48

Buscando a serenidade

"Busca e encontrarás" – expressão sublime de Jesus que, não raro, tem ocasionado discussões infindáveis e estéreis, trazendo dúvidas aos irmãos que inquirem: Por que buscar serenidade ao tomar minhas decisões, se aqueles que comigo convivem não me compreendem nem me atendem? Onde, então, o "Busca e encontrarás"?

Ouve o convite à calma, meu amigo, para que se faça ordem em teu interior, e o que buscas não seja clamado em desespero, mas dito a Jesus, como se estivesses a conversar com Ele, isso, após uma prece em que solicites Sua companhia.

Analisa, então, as tuas necessidades do momento, unindo o "Busca e encontrarás" ao "A cada um será dado de acordo com a sua obra".

Anseias por serenidade? Procura manter-te sereno ao falar com os que te rodeiam; olha-os nos olhos, envolve-os em vibrações de tranquilidade e o ambiente tornar-se-á propício à conversação e não mais à discussão acalorada.

Perguntas onde buscar a tranquilidade necessária para vencer as dificuldades que se te apresentam no dia a dia. Em ti mesmo a encontrarás, alma querida.

Se aquietar teu coração e bater à porta dos amigos espirituais, ela se abrirá.

Busca forças neles e sentir-te-ás revigorada. Revela espírito de serviço, compreensão, humildade, dedicação, e teus atos falarão por ti.

49

É noite de Natal!

É noite de Natal. Com que alegria e ansiedade a criança esperou essa noite, sonhando ganhar presentes!

É noite de Natal. O mundo se ilumina, Jesus aproxima-se mais e mais dos corações e faz a silenciosa súplica: "Presenteie, com alegria, o homem triste que perambula; com esperanças, o ancião que sente perder suas forças; embale, como no colo de mãe, o bebê sem forças para viver; cante a melodia da caridade que simboliza a adoção perene".

É noite de Natal. Há perfume no ar: é a natureza que, com cuidado, faz que tudo floresça e rebente em luz.

É noite de Natal. Vozes cristalinas se fazem ouvir, em canções que falam do sublime Menino, enviado não só para pregar, mas para vivenciar a paz, a união, a caridade e o perdão.

É noite de Natal. Da janela, contemple o céu e atenda ao convite. É hora de agradecer, louvar e pedir: alívio para a dor, alimento para a fome, educação moral aos que, no labirinto das experiências, não se descobriram ainda participantes da grande transformação.

É noite de Natal. Abrace a todos e sinta Jesus acompanhando os seus gestos, na súplica silenciosa de fazer do seu Natal a acolhida do outro.

Feliz Natal! Para o homem novo que se dispõe a conhecer e a viver o *Evangelho* de Jesus.

50

Refletindo no Natal

Na atmosfera de dezembro, quando as lojas de todos os tipos se programam para atender à demanda de compradores, que pretendem comemorar o Natal, façamos silêncio interior, pois é chegado o momento de refletir.

O dia de Natal é, realmente, consagrado à comemoração da chegada de Jesus à Terra, ou uma ocasião destinada a troca de presentes e a excessos de variadas ordens?

Como gostaríamos, irmãos queridos, que fosse afirmativa a resposta à primeira proposição – época de celebrar o nascimento do Aniversariante Especial, carinhosamente, em cada coração.

Deixemo-nos envolver pelos cânticos ecoados aqui e ali, que se fazem ouvir. Até os colibris ensaiam uma melodia de gratidão, conclamando a brisa a transformar lufadas de vento em sinfonia de reconhecimento.

A época é propícia para descobrirmos ou redescobrirmos o sublime significado do Natal, anunciado no louvor angélico: "Glória a Deus nas alturas e paz na Terra aos homens por Ele amados".

Os pastores, seguindo a estrela, buscaram o Cristo na manjedoura. Imitemos tal atitude, pois o Mestre Divino está à frente de um caminho de luz e convida-nos à renovação de nossas almas, e a colaborar para a renovação do mundo, amando-nos uns aos outros.

51

Um simples mimo

A doce esperança renasce. Aproxima-se o Natal.

Deixem a alma emoldurar-se de alegria. Não importa a busca das coisas perecíveis que encantam os olhos.

Deixem a imaginação encantar a criança e fazer luzir o olhar esmaecido dos velhinhos ao desamparo.

É Natal!

Deixem que pelo menos a promessa de alguns instantes felizes mude o panorama sombrio do planeta.

É Natal! É Natal!

Lembro-me... tão pequenina... Encantava-me chegar perto do fogão a lenha, com olhos e ouvidos bem abertos. Podia ouvir o crepitar da madeira queimando e, da vidraça da janela lá de casa, via sair a fumaça pela chaminé... Ah! Então, colocava o sapatinho bem perto do fogão e aguardava o alegre momento de encontrar a resposta do Papai Noel, no mimo simples do presente de Natal.

É Natal! É Natal!

Deixem Jesus presentear com esperanças os seus corações. Que Ele renasça para todos, em todos os dias do ano, a fim de que a comida não falte à mesa e que a ilusão do singelo presente não desapareça do coração da criança.

É Natal! É Natal!

52

Tempo, dádiva divina

Reconfortado ainda pelo clima de paz, tolerância e harmonia, vivido nos dias festivos do Natal, a troca de votos de felicidade entre familiares, amigos e pessoas de sua relação acontece, anunciando o ano que se aproxima.

Feliz lembrança, meu amigo, a de poder felicitar alguém na passagem do ano. Porém, é bom lembrar que essa época é propícia para, após elevar uma prece de gratidão ao Altíssimo, avaliar o caminho percorrido, o uso que se fez dos talentos recebidos; valorizar as dádivas da natureza e ensaiar novos passos em direção à renovação de conceitos, para que a vida possa, realmente, recomeçar.

É o momento apropriado para indagar-se sobre o que fez do tesouro de trezentos e sessenta e cinco dias do ano que chega ao fim. Valorizou cada dia como oportunidade bendita de servir? Procurou compreender as limitações alheias? Tentou entender a diferença entre "estar" no mundo e "viver" no mundo? Resistiu à tentação de reclamar de tudo e, por nada? Empreendeu, em si, as mudanças que a vida exige, compreendendo que mudança é transformação íntima permanente?

Pense nisso, irmão querido, e aproveite cada minuto de sua vida para fazer o melhor.

Examine o que faz nas horas livres e reflita que, se esperar a perfeição para, fiel aos seus compromissos, cultivar a fraternidade, perderá – sem proveito algum – a dádiva divina: o tesouro do tempo.

53

Prece de agradecimento

Pai de Infinita Bondade e amor!

Ao reverenciarmos Vosso santo nome, queremos endereçar-Vos nossa oração de agradecimento:

Pela terna mansão que nos destes por morada – a Terra, berço divino do qual somos usuários no caminho de nossa redenção.

Por abençoar-nos com o sorriso das estrelas, o raio suave do luar e a luz do Sol que clareia os vales e atinge as frestas mais profundas dos abismos.

Pelo bem-te-vi que desperta no bosque e faz brilhar as flores das campinas; pelo regato que corta o solo amigo, premiando a areia das margens, com o beijo das cantigas das águas.

Por Vossa presença no revoar da borboleta, no arrulhar das rolinhas e pombas e no equilíbrio do universo.

Pelo tempo, dádiva sublime que nem sempre sabemos aproveitar.

Por dar ao homem a oportunidade de renascer e encontrar o berço humilde e o seio aconchegante da mãezinha, a fim de empreender uma dentre muitas de suas jornadas redentoras.

Pelo Vosso infinito amor, manifestado na vinda de Jesus, Vosso filho e nosso Irmão Maior.

Por Vossa sublime Misericórdia e suprema justiça, a menor de Vossas servidoras Vos glorifica para sempre.

Posfácio

Meimei, Espírito que encanta e acalenta corações sofridos, que perderam o encanto pela vida.

Ao que se sabe, ela veio à Terra, na última encarnação, para dedicar-se à educação de crianças, mas tendo sido chamada à vida maior, lá continua, devotando-se incansavelmente, tanto às crianças da dimensão em que vive, quanto às encarnadas. Nessa missão, segue ofertando, também às mães, o seu amor.

Coração maternal que é, estende esse amor aos deserdados da sorte, que para essa irmã não são somente os carentes de recursos materiais, mas também, os de valores espirituais: respeito, harmonia, equilíbrio e paz familiar.

Meimei relembra a infância, ao trazer exemplos de pessoas que lutaram pela sobrevivência e venceram, esforçando-se para não se revoltar, tendo a certeza do amparo de Deus.

Suas mensagens ensinam que Deus auxilia o homem, por meio do próprio homem, por isso solicita aos corações de boa vontade que socorram seus irmãos, não só com bens materiais, mas, principalmente, com a ajuda que possibilite o resgate da dignidade humana. Sua orientação é calcada no texto do *Evangelho*: "o homem se orgulha de poder dizer que ganhou o pão que come, enquanto a esmola humilha e degrada"[3].

Meimei intitula-se "a menor aprendiz", e termina as mais de quinhentas mensagens consoladoras, enviadas desde 1994; com a expressão "gratidão eterna", uma de suas marcas.

De nossa parte, cabe-nos o eterno agradecimento pelo tanto que aprendemos com suas palavras cravejadas de ternura e serenidade.

Ana Luisa F. Abade
Agosto de 2010

---

3. Espírito Fénelon – *O Evangelho Segundo o Espiritismo* – Capítulo 15.

Parte da renda desta edição será destinada à

IAM – INSTITUIÇÃO ASSISTENCIAL MEIMEI,

para a manutenção de seus programas voltados à família, criança e ao adolescente, bem como ao morador de rua e à terceira idade.

Para mais informações, acesse o site:
www.iam.org.br